Praghash Kumaresan

# Implementação e investigação de um PMS eficiente - Cuidados de saúde

Praghash Kumaresan

# Implementação e investigação de um PMS eficiente - Cuidados de saúde

## Manual para principiantes para ficar com uma ideia sobre o Sistema de Monitorização de Pacientes (PMS) - Cuidados de saúde avançados

ScienciaScripts

**Imprint**
Any brand names and product names mentioned in this book are subject to trademark, brand or patent protection and are trademarks or registered trademarks of their respective holders. The use of brand names, product names, common names, trade names, product descriptions etc. even without a particular marking in this work is in no way to be construed to mean that such names may be regarded as unrestricted in respect of trademark and brand protection legislation and could thus be used by anyone.

Cover image: www.ingimage.com

This book is a translation from the original published under ISBN 978-620-2-06250-3.

Publisher:
Sciencia Scripts
is a trademark of
Dodo Books Indian Ocean Ltd. and OmniScriptum S.R.L publishing group

120 High Road, East Finchley, London, N2 9ED, United Kingdom
Str. Armeneasca 28/1, office 1, Chisinau MD-2012, Republic of Moldova, Europe
Managing Directors: Ieva Konstantinova, Victoria Ursu
info@omniscriptum.com

Printed at: see last page
**ISBN: 978-620-8-58951-6**

## Biografia dos autores:

Praghash.K de Sathankulam, Índia; nascido em 1992. Obteve o grau de bacharel em Engenharia Eletrónica e de Comunicações no Sree Sowdambika College of Engineering afiliado à Anna University, Chennai, Índia, em 2013, e obteve o grau de mestre em Sistemas de Comunicação no Francis Xavier Engineering College afiliado à Anna University Chennai, Índia, em 2105 e atualmente está a tirar o doutoramento em Ciências e Engenharia Informática na Anna University, Chennai, Índia, respetivamente.

É um dos investigadores da Direção do Ensino Técnico (DOTE), Tamilnadu. Foi secretário do conselho de estudantes do IEEE no Colégio de Engenharia Francis Xavier, Tirunelveli, Índia, durante o ano letivo de 2013-2015. Também é um revisor ativo em muitas revistas internacionais. Os seus actuais interesses de investigação incluem Roteamento Sem Fios, Consumo de Energia Nodal e Redes de Alta Velocidade, Sensores Sem Fios, Sistemas Flexíveis de Transmissão Sem Fios, Middleware IoT e QoS em Redes Sem Fios. Publicou várias revistas internacionais e participou em muitas conferências nacionais e internacionais do IEEE.

# ÍNDICE DE CONTEÚDOS

## Prefácio

Em caso de emergência e de situações perigosas, os doentes têm de alertar imediatamente o médico. Para isso, estamos a utilizar uma aplicação baseada em Java para a comunicação entre o médico e o doente, a fim de comunicar e indicar o estado do doente através do painel de controlo HTML5. Esta forma de comunicação é efectuada com a topologia de rede JAVA. Cada doente recebe um módulo e, com a ajuda deste módulo, o estado de saúde do doente é monitorizado e, se houver alguma alteração do estado de saúde, envia imediatamente os dados alterados através de RMI para o sistema local, onde o painel de controlo principal está ligado ao computador para manter o estado do doente.

O batimento cardíaco é monitorizado com a frequência do pulso do corpo. O sensor de luz de alta intensidade detecta a expansão e a contração do coração com a ajuda dos nervos. Esse feixe transmite o sinal para o recetor e a alteração minuciosa da pulsação é registada como o batimento cardíaco. Se houver alguma alteração nos impulsos, esta é detectada como uma alteração no coração e o controlador obtém uma contagem de impulsos perturbada que indica a falha ou avaria do coração. Inicialmente, o controlador é fixado para um determinado número de impulsos. Se houver alguma alteração na contagem de impulsos, considera-se uma avaria do coração e transmite a contagem de impulsos com a identificação do doente para o painel de controlo do médico. Este é um processo conveniente para monitorizar as condições de saúde do doente a qualquer distância.

Assim, o médico comunicará o estado do doente em função da criticidade, de modo a que o doente possa tomar as medidas corretivas necessárias.

# CAPÍTULO-1

# INTRODUÇÃO

## 1.1 INTRODUÇÃO:

Em caso de emergência e de situações perigosas, os doentes têm de alertar imediatamente o médico. Para isso, estamos a utilizar uma aplicação baseada em Java para a comunicação entre o médico e o doente, a fim de comunicar e indicar o estado do doente através do painel de controlo HTML5. Esta forma de comunicação é efectuada com a topologia de rede JAVA. Cada doente recebe um módulo e, com a ajuda deste módulo, o estado de saúde do doente é monitorizado e, se houver alguma alteração do estado de saúde, envia imediatamente esses dados alterados através de RMI para o sistema local, onde o painel de controlo principal está ligado ao computador para manter o estado do doente.

O sistema também toma as medidas necessárias no caso de o médico principal estar ocupado ou indisponível. O padrão JAVA trata deste caso com a ajuda de um recurso de reserva atribuído de acordo com a disponibilidade total dos médicos. Em termos simples, o código verifica a ocupação individual do médico e, com base nos cálculos efectuados, atribui ao doente o médico com menor ocupação.

### 1.1.1 PESQUISA BIBLIOGRÁFICA:

1. P. Szakacs-Simon *et al., (2013)* desenvolveram um sistema avançado de monitorização de doentes baseado no Android com a ajuda de dispositivos Bluetooth. No entanto, este sistema era limitado, uma vez que o alcance do Bluetooth oferecido é muito reduzido. Esta investigação forneceu a interface de hardware necessária para obter os dados pretendidos.

2. Peter Varady *et al, (2002)* desenvolveram a primeira norma aberta baseada na monitorização de doentes que era muito rentável e a abordagem de conceção seguida foi a de

ter unidades separadas para funções específicas, o que nos ajudou a compreender a complexidade da conceção.

3. D. Benhaddou *et al, (2008)* conceberam um sistema de monitorização remota dos cuidados de saúde com a ajuda de WSN (Wireless Sensor Networks) que utiliza qualquer tecnologia móvel moderna para transmitir os dados a partir de um local remoto.

4. K. Dinesh kumar *et al, (2010)* concebeu uma aplicação móvel para a monitorização da saúde, o que nos ajudou a refletir sobre a possibilidade de desenvolver uma aplicação baseada em JAVA, uma vez que esta é suportada por mais de 5 milhões de dispositivos.

### 1.1.2 OBJECTIVO DA TESE:

O objetivo da tese é encontrar a solução para reduzir o tempo de espera indefinido dos pacientes para receberem tratamento e prescrição adequada. O nosso Sistema Fechado é composto por;

- Dispositivo eletrónico de sensor incorporado que mede os parâmetros necessários para monitorizar o estado.
- Um serviço Web baseado em JAVA executado no servidor de aplicações JBoss para fornecer os dados do doente ao médico e a resposta do médico (prescrição) aos doentes adequados.
- O código JAVA também se encarrega de dar prioridade à criticidade com base nas medições e também efectua a gestão de recursos de reserva no caso de o médico principal não estar disponível.

### 1.1.3 ORGANIZAÇÃO DA TESE:

Neste Capítulo, discutimos brevemente a Introdução, o objetivo da Tese e os parâmetros biológicos básicos que utilizámos no sistema para monitorizar e medir parâmetros.

C capítulo 2 trata da descrição do sistema - a conceção do sistema incorporado, as caraterísticas do e os requisitos do sistema incorporado.

C capítulo 3 trata dos componentes (sensores, microcontroladores, fonte de alimentação e ecrã LCD) e será abordado em pormenor.

C capítulo 4 trata da descrição pormenorizada do circuito dos dispositivos com interface com o sistema e é também abordado o paradigma do software.

C capítulo 5 trata dos resultados alcançados até à data.

C capítulo 6 e 7 enumera as várias actividades realizadas na Fase I e as várias actividades previstas para a Fase II.

### 1.2.1 Coração humano e ECG:

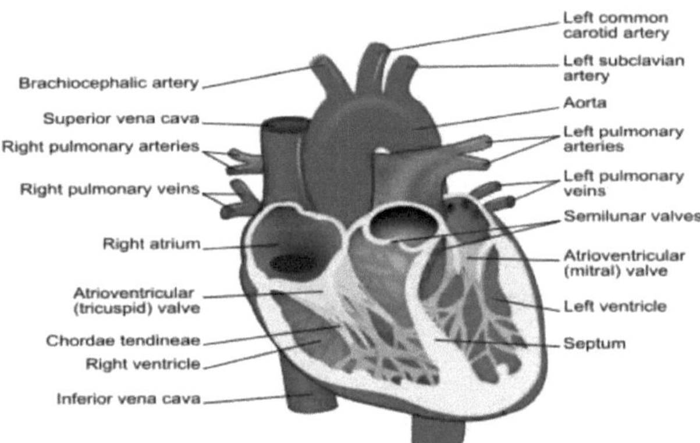


**Figura 1.1: Secção Lateral do Coração Humano**

O coração humano é um órgão muscular que proporciona uma circulação sanguínea contínua através do ciclo cardíaco e é um dos órgãos mais vitais do corpo humano. O coração está dividido em quatro câmaras principais: as duas câmaras superiores são designadas por aurículas direita e esquerda e as duas câmaras inferiores são designadas por ventrículos direito e esquerdo. Existe uma parede espessa de músculo que separa o lado direito do lado esquerdo do coração, denominada septo. Normalmente, em cada batimento, o ventrículo direito bombeia para os pulmões a mesma quantidade de sangue que o ventrículo esquerdo bombeia para o corpo. Os médicos referem-se normalmente à aurícula direita e ao ventrículo direito em conjunto como o coração direito e à aurícula e ventrículo esquerdos como o coração esquerdo.

A energia eléctrica que estimula o coração ocorre no nódulo sinoatrial, que produz um potencial definido e depois se descarrega, enviando um impulso através dos átrios. Nos átrios, o sinal elétrico passa de célula para célula, enquanto nos ventrículos o sinal é transportado por um tecido especializado chamado fibras de Purkinje, que transmitem a carga eléctrica ao miocárdio.

## ELECTROCARDIÓGRAFO (ECG):

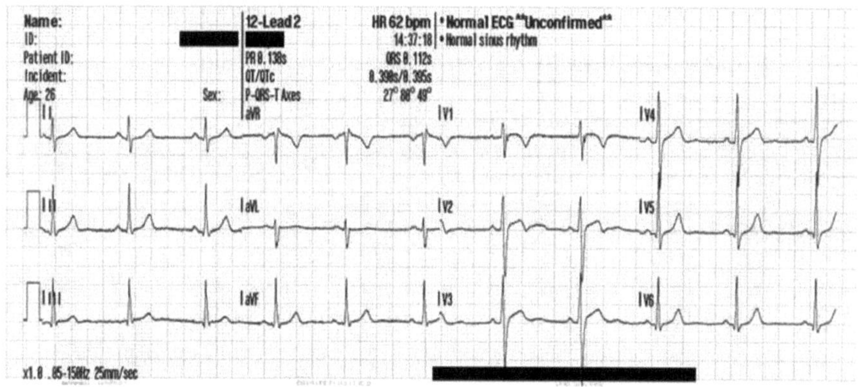


**Figura 1.2: ECG de 12 derivações**

O eletrocardiograma (ECG) é uma interpretação transtorácica da atividade eléctrica do coração ao longo do tempo, captada e registada externamente por eléctrodos cutâneos. É um registo não invasivo produzido por um dispositivo eletrocardiográfico.

O ECG funciona principalmente através da deteção e amplificação das pequenas alterações eléctricas na pele que são causadas quando o músculo cardíaco "despolariza" durante cada batimento cardíaco. Em repouso, cada célula do músculo cardíaco tem uma carga na sua parede exterior, ou membrana celular. A redução desta carga para zero é designada por despolarização, que ativa os mecanismos na célula que provocam a sua contração. Durante cada batimento cardíaco, um coração saudável tem uma progressão ordenada de uma onda de despolarização que é desencadeada pelas células do nódulo sinoatrial, se espalha pela aurícula, passa pelas "vias de condução intrínsecas" e depois se espalha por todos os ventrículos. Este fenómeno é detectado através de pequenas subidas e descidas de tensão entre dois eléctrodos colocados de cada lado do coração, que são visualizadas sob a forma de uma linha ondulada num ecrã ou num papel. Este ecrã indica o ritmo geral do coração e as fraquezas em diferentes partes do músculo cardíaco.

### 1.2.2 RITMO CARDÍACO:

**A frequência cardíaca** é o número de batimentos cardíacos por unidade de tempo, normalmente expresso em ***batimentos por minuto*** (bpm). A frequência cardíaca pode variar consoante a necessidade do corpo de absorver oxigénio e excretar dióxido de carbono, como durante o exercício ou o sono.

A medição da frequência cardíaca é utilizada por profissionais de saúde para ajudar no diagnóstico e acompanhamento de problemas de saúde. Também é utilizada por indivíduos, como atletas, que estão interessados em monitorizar a sua frequência cardíaca para obter a máxima eficiência do seu treino. O *intervalo de onda R a onda R (intervalo RR)* é o inverso da frequência cardíaca.

A frequência cardíaca é medida através da determinação da pulsação do corpo. Esta pulsação pode ser medida em qualquer ponto do corpo onde a pulsação da artéria é transmitida à superfície, pressionando-a com os dedos indicador e médio; frequentemente é comprimida contra uma estrutura subjacente, como o osso. O polegar não deve ser utilizado para medir a frequência cardíaca de outra pessoa, uma vez que a sua pulsação forte pode interferir na discriminação do local da pulsação.

A frequência cardíaca em repouso ($FC_{repouso}$) é a frequência cardíaca de uma pessoa quando está em repouso, ou seja, deitada mas acordada, e sem ter efectuado qualquer esforço recente. A frequência cardíaca em repouso típica e saudável em adultos é de 60-80 bpm, sendo as frequências inferiores a 60 bpm designadas por bradicardia e as superiores a 100 bpm designadas por taquicardia. Note-se, no entanto, que os atletas condicionados têm frequentemente uma frequência cardíaca em repouso inferior a 60 bpm. E não é invulgar que as pessoas que praticam exercício físico regular atinjam valores inferiores a 50 bpm.

### 1.2.3 TERMORREGULAÇÃO:

**A termorregulação** é a capacidade de um organismo manter a sua temperatura corporal dentro de certos limites, mesmo quando a temperatura ambiente é muito diferente. Este processo é um dos aspectos da homeostase: um estado dinâmico de estabilidade entre o ambiente interno de um animal e o seu ambiente *externo* ou Se o corpo é incapaz de manter uma temperatura normal e esta aumenta significativamente acima do normal, ocorre uma condição conhecida como hipertermia. Isto ocorre quando o corpo é exposto a temperaturas constantes de aproximadamente 55° C, qualquer exposição prolongada (mais do que algumas horas) a esta temperatura e até cerca de 70° C a morte é quase inevitável. A condição oposta, quando a temperatura do corpo desce abaixo dos níveis normais, é conhecida como hipotermia

As diferentes partes do corpo têm temperaturas diferentes. As medições rectal e vaginal, ou medições efectuadas diretamente no interior da cavidade corporal, são normalmente ligeiramente superiores às medições orais, e as medições orais são ligeiramente superiores à temperatura da pele. A temperatura corporal média comummente aceite (medida internamente) é de 37,0 °C (98,6 °F). A medição oral típica (debaixo da língua) é ligeiramente mais fria, com 36,8±0,7 °C, ou 98,2±1,3 °F. Na Rússia e nos países da antiga União Soviética, o valor habitualmente citado é de 36,6 °C (97,9 °F), com base numa leitura na axila (auxiliar). Embora algumas pessoas pensem nestes números como representando a temperatura normal, foi encontrada uma vasta gama de temperaturas em pessoas saudáveis. Em amostras de homens e mulheres adultos normais, o intervalo observado para a temperatura oral é de 33,2-38,2 °C (92-101 °F), para a rectal é de 34,4-37,8 °C (94-100 °F), para a cavidade timpânica é de 35,4-37,8 °C (96-100 °F) e para a auxiliar é de 35,5-37,0 °C (96-99 °F).

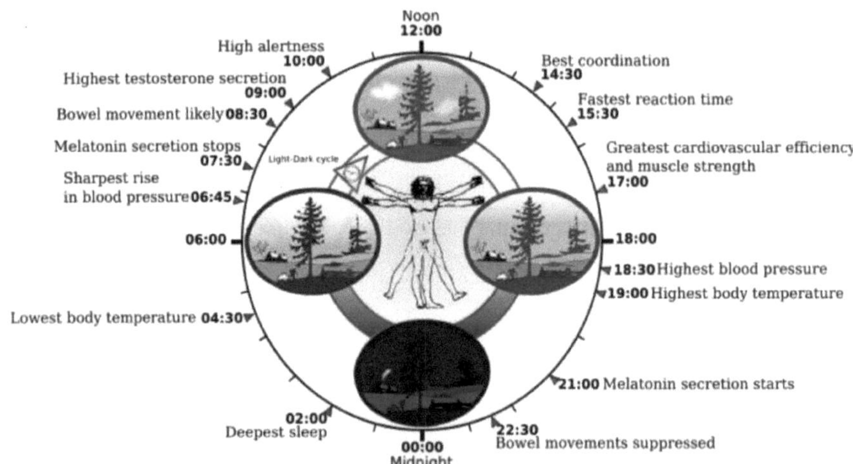


**Figura 1.3: Visão geral do relógio biológico nos seres humanos**

# CAPÍTULO 2

# DESCRIÇÃO DO SISTEMA

## 2 INTRODUÇÃO:

A forma plana para este projeto baseia-se no **sistema incorporado.** Um **sistema incorporado** é um sistema para fins especiais em que o computador é completamente encapsulado pelo dispositivo que controla. Ao contrário de um computador de uso geral, como um computador pessoal, um sistema incorporado executa uma ou algumas tarefas pré-definidas, geralmente com requisitos muito específicos. Uma vez que o sistema se dedica a tarefas específicas, os engenheiros de projeto podem optimizá-lo, reduzindo o tamanho e o custo do produto. Os sistemas incorporados são frequentemente produzidos em massa, pelo que a poupança de custos pode ser multiplicada por milhões de itens.

Um sistema incorporado é um sistema informático para fins especiais concebido para desempenhar uma função específica. Ao contrário de um computador de uso geral, como um computador pessoal, um sistema incorporado executa uma ou algumas tarefas pré-definidas, normalmente com requisitos muito específicos. Uma vez que o sistema é dedicado a tarefas específicas, os engenheiros de projeto podem optimizá-lo, reduzindo o tamanho e o custo do produto.

O sistema incorporado é composto por hardware e software. O sistema incorporado é uma tecnologia em rápido crescimento em vários domínios, como a automatização industrial, os electrodomésticos, os automóveis, a aeronáutica, etc.

A tecnologia incorporada é implementada para executar uma tarefa específica e a programação é feita em linguagem de montagem ou em C. Sendo o nosso país um país em desenvolvimento, o consumo de energia está a aumentar em grande escala para satisfazer as necessidades crescentes da população. A produção de energia baseia-se em grande medida em fontes não renováveis e, uma vez que estas fontes estão a esgotar-se, é necessário encontrar meios para poupar energia.

## 2.1 CONCEPÇÃO DE SISTEMAS INCORPORADOS:

Dispositivo eletrónico inteligente, programável e computorizado concebido para realizar tarefas específicas com base num período de tempo fixo. Um sistema incorporado é uma combinação de hardware e software, eventualmente com alguns componentes mecânicos e outros, concebidos para executar uma tarefa específica. O

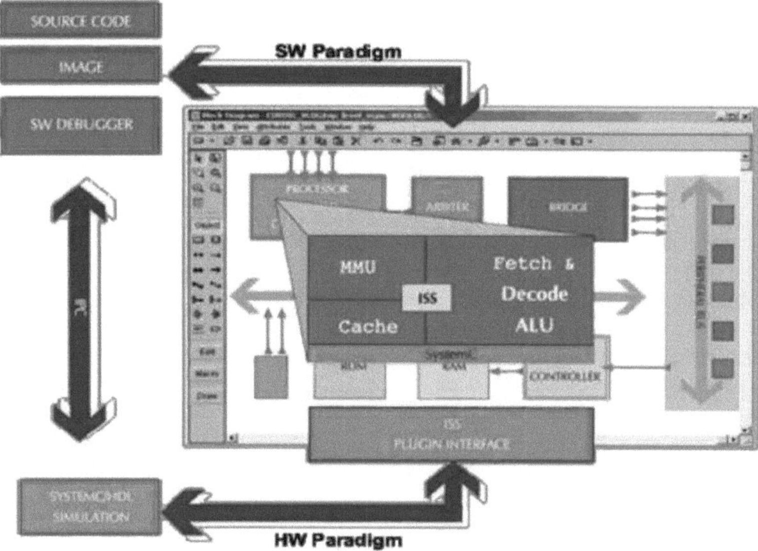


**Figura 2.1. Conceção do sistema incorporado**

A eletrónica utiliza normalmente um microprocessador ou um microcontrolador. Alguns sistemas grandes ou antigos utilizam computadores mainframes de uso geral ou minicomputadores.

## 2.2 CARACTERÍSTICAS DO SISTEMA INCORPORADO:

- É muito reativo e limitado em tempo real.
- Desempenho cada vez mais elevado.
- A conceção de processadores para aplicações específicas pode ser um componente importante de um sistema incorporado.
- Actua como uma função única que não é utilizada para fins gerais.

## 2.3 REQUISITOS DO SISTEMA INCORPORADO:

**Requisito funcional**

- Controlo digital direto
- Recolha de dados
- Interação homem-máquina

**Requisito temporal**

- As tarefas podem ter prazos de execução
- Latência mínima de deteção de erros
- Requisitos de tempo
- Requisitos da interface humana.

**Requisito de fiabilidade**

- Fiabilidade
- Segurança
- Disponibilidade
- Capacidade de manutenção
- Segurança

**Diagrama de blocos do sistema incorporado**

| ASICs | ANALOG I/Os |
|---|---|
| PROCESSOR | MEMORY |

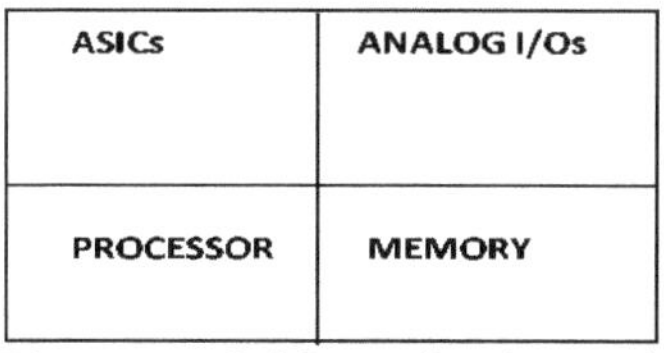

**Figura 2.2. Diagrama de blocos do sistema incorporado**

**Processador:**

O processador é um circuito digital concebido para efetuar tarefas de computação. Um sistema incorporado é constituído por um processador de finalidade única e não por um processador de finalidade geral. O processador de uso único é melhor do que o processador de uso geral.

**ASICs (Application Specific ICs):**

É o chip de silício com uma matriz de transístores não ligados entre si. Inclui matrizes de portas e CIs de células normais.

**Memória:**

É utilizada uma memória volátil de tamanho fixo, como a DRAM ou a SRAM, e uma memória não volátil, como a EPROM ou a Flash, ligada a um microcontrolador/processador.

**Periféricos:**

De acordo com o diagrama de blocos, a E/S analógica é constituída por vários periféricos, consoante os requisitos ou a aplicação. Alguns dos periféricos são enumerados a seguir:

- Temporizador, contador
- UART
- Moduladores de largura de pulso
- Controlador LCD
- Controlador DMA
- Controlador de teclado
- Controlador do motor de passo
- Conversor ADC
- Relógio em tempo real

# CAPÍTULO-3

# ELEMENTOS DE DESIGN

## 3 INTRODUÇÃO:

O diagrama de blocos do projeto é constituído essencialmente por microcontrolador, sensores, fonte de alimentação e ecrã de cristais líquidos.

Neste caso, verificamos o estado de saúde do doente através da monitorização dos batimentos cardíacos. O batimento cardíaco é monitorizado com a taxa de pulsação do corpo. O sensor de luz de alta intensidade detecta a expansão e a contração do coração com a ajuda dos nervos. Esse feixe transmite o sinal para o recetor e a alteração minuciosa da pulsação é registada como batimento cardíaco. Se houver alguma alteração nos impulsos, esta é detectada como uma alteração no coração e o controlador obtém uma contagem de impulsos perturbada que indica a falha ou avaria do coração. Inicialmente, o controlador é fixado para um número de impulsos.

Se houver alguma alteração na contagem de impulsos, considera-se que há uma avaria no coração e transmite-se a contagem de impulsos com a identificação do doente.

## 3.1 FONTE DE ALIMENTAÇÃO:

Fonte de alimentação é uma referência a uma fonte de energia eléctrica. Um dispositivo ou sistema que fornece energia energia eléctrica ou outros tipos de a uma carga de saída ou a um grupo de cargas é designado por unidade de alimentação ou PSU. O termo é mais frequentemente aplicado a fontes de energia eléctrica, menos frequentemente a fontes mecânicas e raramente a outras.

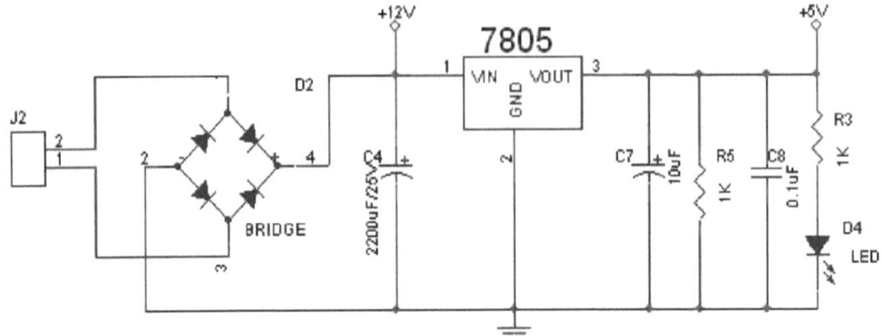


**Figura 3.1 Diagrama do circuito da fonte de alimentação**

Uma fonte de alimentação AC monofásica de 230v, 50Hz é fornecida a um transformador abaixador para obter uma alimentação de 12v. Esta tensão é convertida em tensão CC utilizando um retificador de ponte. A tensão CC pulsante convertida é filtrada por um condensador de 2200uf e, em seguida, é fornecida ao regulador de tensão 7805 para obter uma alimentação constante de 5v. Esta alimentação de 5V é fornecida a todos os componentes do circuito. É adicionado um circuito RC de tempo constante para descarregar rapidamente todos os condensadores. Para garantir o fornecimento de energia, é ligado um LED para efeitos de indicação.

**Regulador de tensão:**

**Figura 3.2 Regulador de tensão**

## 3.2 SENSORES:

### SENSOR DE TEMPERATURA:

Várias técnicas de deteção de temperatura são atualmente de uso generalizado. As mais comuns são RTDs, termopares, termistores e CIs de sensores. A técnica correta para a sua aplicação depende da gama de temperaturas pretendida, da linearidade, da precisão, do custo, das caraterísticas e da facilidade de conceção dos circuitos de apoio necessários. Nesta secção, discutimos as caraterísticas das técnicas de deteção de temperatura mais comuns. Mas o custo de um sensor de temperatura em tempo real não é acessível. Por isso, neste projeto, utilizámos um potenciómetro para indicar a temperatura corporal. Ao utilizá-lo, mostramos um protótipo de como pode funcionar quando utilizamos um sensor LM35.

## SENSOR DE BATIMENTOS CARDÍACOS:

O sensor de batimento cardíaco foi concebido para fornecer uma saída digital do batimento cardíaco quando um dedo é colocado sobre ele. Quando o detetor de batimento cardíaco está a funcionar, o LED de batimento pisca em uníssono com cada batimento cardíaco. Esta saída digital pode ser ligada diretamente ao microcontrolador para medir a taxa de batimentos por minuto (BPM). Funciona com base no princípio da modulação da luz pelo fluxo sanguíneo através do dedo em cada pulsação. No entanto, este sensor tem um custo elevado, pelo que, neste projeto, estamos a utilizar um transdutor para demonstrar a medição da taxa de batimentos cardíacos. Estamos apenas a apresentar um protótipo e a demonstrar como podemos medir o ritmo dos batimentos cardíacos e enviá-lo a médicos à distância.

## CARACTERÍSTICAS:

- Conceção SMD baseada em microcontrolador
- Indicação de batimento térmico por LED
- Sinal digital de saída instantânea para ligação direta ao microcontrolador
- Tamanho compacto
- Tensão de funcionamento +5V DC

## APLICAÇÕES:

- Monitor digital do ritmo cardíaco
- Sistema de monitorização de doentes
- Controlo de robótica por Bio-Feedback e aplicações.

## 3.2 MICROCONTROLADOR:

Os microcontroladores, como o nome sugere, são pequenos controladores. São como computadores de uma só pastilha que são frequentemente incorporados noutros sistemas para funcionarem como unidade de processamento/controlo. Por exemplo, o telecomando que está a utilizar tem provavelmente microcontroladores no seu interior que fazem a descodificação e outras funções de controlo. São também utilizados em automóveis, máquinas de lavar roupa, fornos de micro-ondas, brinquedos, etc., onde a automatização é necessária.

Os microcontroladores são úteis na medida em que comunicam com outros dispositivos, tais como sensores, motores, interruptores, teclados, ecrãs, memória e mesmo outros microcontroladores. Ao longo dos anos, foram desenvolvidos muitos métodos de interface para resolver o problema complexo de equilibrar os critérios de conceção dos circuitos, como as caraterísticas, o custo, o tamanho, o peso, o consumo de energia, a fiabilidade, a disponibilidade e a capacidade de fabrico. Muitos projectos de microcontroladores misturam normalmente vários métodos de interface. De uma forma muito simplista, um sistema de microcontrolador pode ser visto como um sistema que lê (monitoriza) as entradas, efectua o processamento e escreve (controla) as saídas. Sistema incorporado significa que o processador está incorporado na aplicação necessária. Um produto incorporado utiliza um microprocessador ou microcontrolador para realizar apenas uma tarefa. Num sistema incorporado, existe apenas um software de aplicação que é normalmente gravado em ROM.

Exemplo: impressora, teclado, leitor de jogos de vídeo.

Microprocessador - Um único chip que contém a CPU ou a maior parte do computador
Microcontrolador - Um único chip utilizado para controlar outros dispositivos

O microcontrolador difere de um microprocessador em muitos aspectos. A primeira e mais importante é a sua funcionalidade. Para que um microprocessador possa ser utilizado, devem ser-lhe adicionados outros componentes, como a memória ou componentes para receber e enviar dados. Em suma, isto significa que o microprocessador é o coração do computador. Por outro lado, o microcontrolador foi concebido para ser tudo isso num só.

**CARACTERÍSTICAS:**

> 8K Bytes de memória Flash reprogramável no sistema
> Resistência: 1.000 ciclos de escrita/apagamento
> Funcionamento totalmente estático: 0 Hz a 24 MHz
> 256 x 8-bit RAM interna
> 32 linhas de E/S programáveis
> Três contadores/temporizadores de 16 bits
> Oito fontes de interrupção
> Canal de série programável
> Modos de baixo consumo em inatividade e de desativação.

## 3.3 ECRÃ DE CRISTAIS LÍQUIDOS:

Um ecrã de cristais líquidos (LCD) é um dispositivo de visualização fino e plano constituído por um qualquer número de pixels coloridos ou monocromáticos dispostos em frente de uma fonte de luz ou de um refletor. Cada pixel é constituído por uma coluna de moléculas de cristais líquidos suspensa entre dois eléctrodos transparentes e dois filtros polarizadores, cujos eixos de polaridade são perpendiculares entre si. Sem os cristais líquidos entre eles, a luz que passa por um seria bloqueada pelo outro. O cristal líquido distorce a polarização da luz que entra num filtro para permitir a sua passagem através do outro. Muitos dispositivos com microcontroladores utilizam ecrãs "LCD inteligentes" para fornecer informações visuais. Os ecrãs LCD concebidos com base no módulo LCD HD44780 da Hitachi são baratos, fáceis de utilizar e até é possível produzir uma leitura utilizando os 8x80 pixels do ecrã.

Dispõem de um conjunto normalizado de caracteres ASCII e símbolos matemáticos. Para um barramento de dados de 8 bits, o ecrã necessita de uma alimentação de +5V e de 11 linhas de E/S. Para um barramento de dados de 4 bits, apenas necessita das linhas de alimentação mais sete linhas extra. Quando o ecrã LCD não está ativado, as linhas de dados são tri-state e não interferem com o funcionamento do microcontrolador. Os dados podem ser colocados em qualquer local do LCD;

**Primeira linha** 80 81 82 83 84 85 86 até 8F
**Segunda linha** C0 C1 C2 C3 C4 C5 C6 até CF

**SINAIS PARA O ECRÃ LCD:**

O LCD também necessita de 3 linhas de controlo do microcontrolador:

1) **Ativar (E):**

2) Esta linha permite o acesso ao ecrã através das linhas R/W e RS. Quando esta linha é baixa, o LCD é desativado e ignora os sinais das linhas R/W e RS. Quando a linha (E) está alta, o LCD verifica o estado das duas linhas de controlo e responde em conformidade.

3) **Leitura/escrita (R/W):**
Esta linha determina a direção dos dados entre o LCD e o microcontrolador. Quando está em baixo, os dados são escritos no LCD. Quando está alta, os dados são lidos do LCD.

4) **Seleção de registos (RS):**

Com a ajuda desta linha, o LCD interpreta o tipo de dados nas linhas de dados. Quando está em baixo, está a ser escrita uma instrução no LCD. Quando está alta, está a ser escrito um carácter no LCD.

## DESCRIÇÃO DO PINO:

A maioria dos LCDs com 1 controlador tem 14 pinos e os LCDs com 2 controladores têm 16 pinos (há dois pinos extra em ambos para as ligações do LED de retroiluminação).

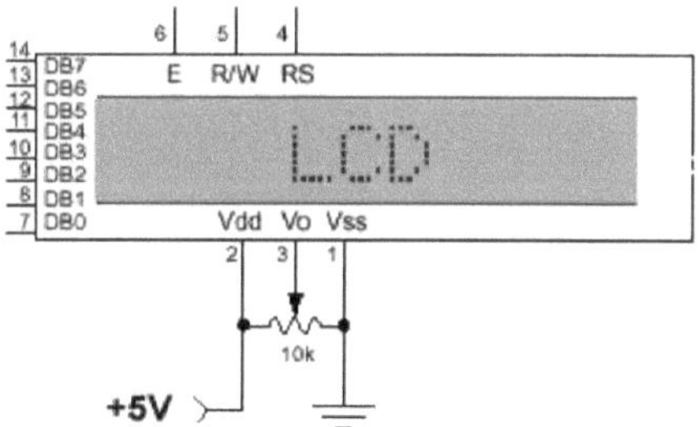


**Figura 3.3 Diagrama de pinos do ecrã LCD 2x16**

| Pin No. | Name | Description |
|---|---|---|
| Pin no. 1 | **VSS** | Power supply (GND) |
| Pin no. 2 | **VCC** | Power supply (+5V) |
| Pin no. 3 | **VEE** | Contrast adjust |
| Pin no. 4 | **RS** | 0 = Instruction input<br>1 = Data input |
| Pin no. 5 | **R/W** | 0 = Write to LCD module<br>1 = Read from LCD module |
| Pin no. 6 | **EN** | Enable signal |
| Pin no. 7 | **D0** | Data bus line 0 (LSB) |
| Pin no. 8 | **D1** | Data bus line 1 |
| Pin no. 9 | **D2** | Data bus line 2 |
| Pin no. 10 | **D3** | Data bus line 3 |
| Pin no. 11 | **D4** | Data bus line 4 |
| Pin no. 12 | **D5** | Data bus line 5 |
| Pin no. 13 | **D6** | Data bus line 6 |
| Pin no. 14 | **D7** | Data bus line 7 (MSB) |

**Tabela 3.1 Descrição dos pinos do LCD**

# CAPÍTULO-4

## DESCRIÇÃO DO CIRCUITO

O diagrama de circuitos do projeto é composto por circuitos transmissor e recetor. O circuito transmissor transmite os sinais para o módulo recetor. Os circuitos abaixo representam a interface do microcontrolador, do LCD e do sensor de batimentos cardíacos, bem como a interface do microcontrolador com o módulo recetor, respetivamente.

### 4.1 Circuito do transmissor:

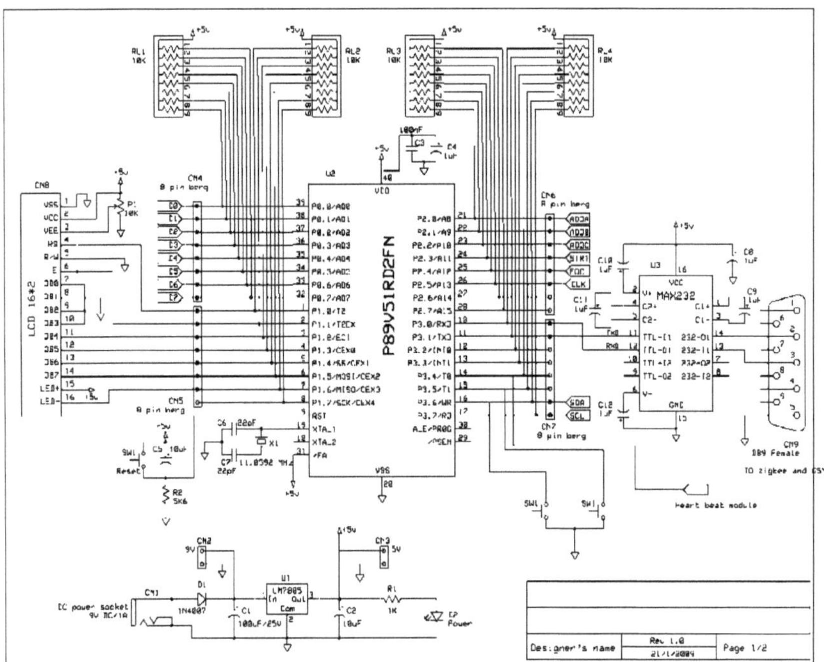


**Figura 4.1. Circuito do transmissor do projeto**

## 4.2 Circuito do recetor:

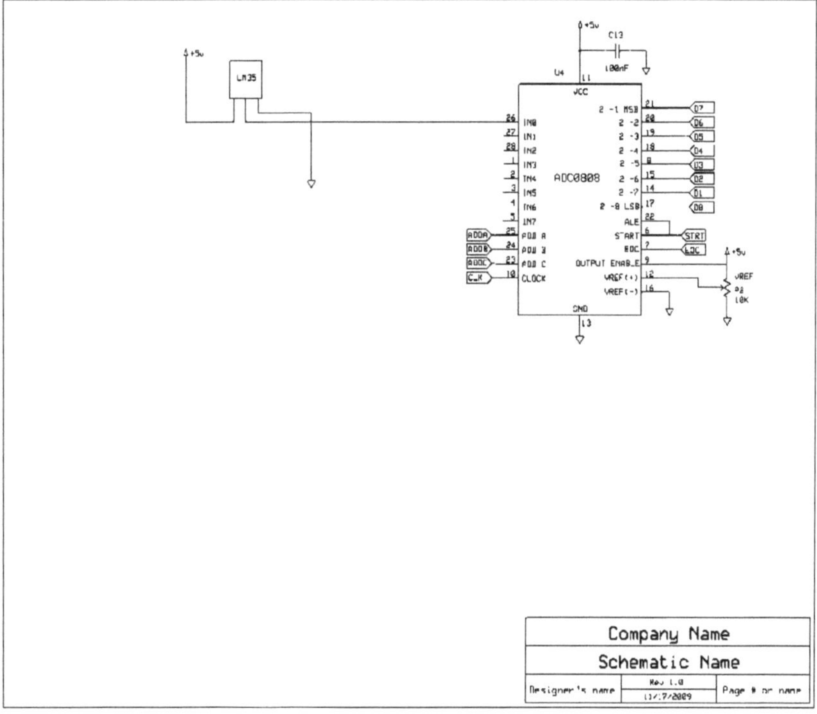


**Figura 4.2. Circuito recetor do projeto**

## 4.3 Sensores:

Nesta secção, serão abordados os vários sensores ligados ao sistema.

### 4.3.1 Sensor de batimento cardíaco:

O sensor de batimento cardíaco foi concebido para fornecer uma saída digital do batimento cardíaco quando um dedo é colocado sobre ele. Quando o detetor de batimento cardíaco está a funcionar, o LED de batimento pisca em uníssono com cada batimento cardíaco. Esta saída digital pode ser ligada diretamente ao microcontrolador para medir a taxa de batimentos por minuto (BPM). Funciona com base no princípio da modulação da luz pelo fluxo sanguíneo através do dedo a cada pulsação.

CARACTERÍSTICAS:

- Conceção SMD baseada em microcontrolador
- Indicação de batimento térmico por LED
- Sinal digital de saída instantânea para ligação direta ao microcontrolador
- Tamanho compacto
- Tensão de funcionamento +5V DC

APLICAÇÕES:

- Monitor digital do ritmo cardíaco
- Sistema de monitorização de doentes
- Controlo de robótica por Bio-Feedback e aplicações

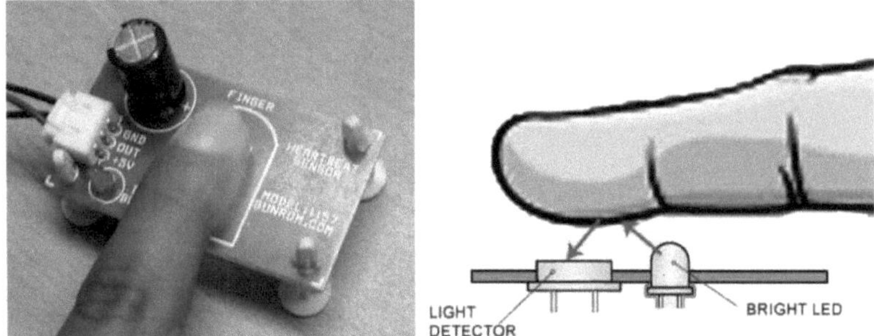


**Figura 4.3 Sensor de batimentos cardíacos**

Os sensores cardíacos médicos são capazes de monitorizar o tecido vascular através da ponta do dedo ou do lóbulo da orelha. É frequentemente utilizado para fins de saúde, especialmente para monitorizar o corpo após o treino físico.

O batimento cardíaco é detectado utilizando um LED de alta intensidade e um LDR. O dedo é colocado entre o LED e o LDR. Como sensor, pode ser utilizado um foto-díodo ou um foto-transístor. Para a deteção, a pele pode ser iluminada com luz visível (vermelha), transmitida ou reflectida. As alterações muito pequenas na refletividade ou na transmitância causadas pela variação do conteúdo sanguíneo do tecido humano são quase invisíveis.

Várias fontes de ruído podem produzir sinais de perturbação com amplitudes iguais ou mesmo superiores à amplitude do sinal de impulso. Medição de impulsos válidos. A nova abordagem de processamento de sinais aqui apresentada combina o processamento de sinais analógicos e digitais de forma a que ambas as partes possam ser mantidas simples, mas em combinação são muito eficazes na supressão de sinais de perturbação.

A configuração aqui descrita utiliza um LED vermelho para iluminação da luz transmitida e um LDR como detetor. Com apenas ligeiras alterações no circuito pré-amplificador, o mesmo hardware e software podem ser utilizados com outros conceitos de iluminação e deteção. A foto-corrente dos detectores (parte AC) é convertida em tensão e amplificada por um amplificador operacional (LM358).

A saída é dada a outra entrada não inversora do mesmo LM358; aqui é efectuada a segunda amplificação. O valor é pré-definido na entrada inversora, o valor amplificado é comparado com o valor pré-definido e, se ocorrer alguma condição anormal, é gerada uma interrupção para o controlador AT89C2051.

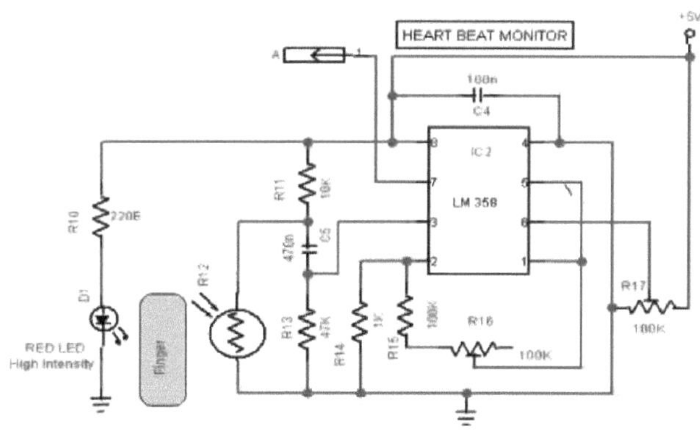


**Figura 4.4 Circuito do monitor de batimentos cardíacos**

Este circuito é feito a partir de um fototransístor de infravermelhos e de um LED de infravermelhos. Este transdutor funciona com o princípio da reflexão da luz, neste caso a luz é infravermelha. A pele é utilizada como superfície reflectora da luz infravermelha. A densidade do sangue na pele afecta a refletividade da luz infravermelha. A ação de bombeamento do coração faz com que a densidade do sangue aumente e diminua. Assim, podemos calcular a frequência cardíaca com base na subida e descida da intensidade dos infravermelhos reflectidos pela pele.

### 2.2.1 Sensor de temperatura:

A série LM35 é constituída por sensores de temperatura dc precisão de circuito integrado, cuja tensão de saída é linearmente proporcional à temperatura Celsius (centígrada). O LM35 tem assim uma vantagem sobre os sensores de temperatura lineares calibrados em ° Kelvin, uma vez que o utilizador não é obrigado a subtrair uma grande tensão constante da sua saída para obter uma escala centígrada conveniente. O LM35 não necessita de qualquer calibração externa ou corte para fornecer precisões típicas de ±1/4°C à temperatura ambiente e ±3/4°C numa gama completa de temperaturas de -55 a +150°C. O baixo custo é assegurado pelo corte e calibração ao nível da bolacha. A baixa impedância de saída do LM35, a saída linear e a calibração inerente precisa tornam a interface com circuitos de leitura ou de controlo especialmente fácil. Pode ser utilizado com fontes de alimentação simples ou com fontes mais e menos.

Como consome apenas 60 uA da sua alimentação, tem um auto-aquecimento muito baixo, inferior a 0,1°C em ar parado. O LM35 está classificado para funcionar num intervalo de temperatura de -55° a +150°C, enquanto o LM35C está classificado para um intervalo de -40° a +110°C (-10° com precisão melhorada). A série LM35 está disponível em pacotes herméticos de transístores TO-46, enquanto os LM35C, LM35CA e LM35D também estão disponíveis no pacote plástico de transístores TO-92. O LM35D também está disponível num encapsulamento de montagem em superfície de 8 vias e num encapsulamento de plástico TO-220.

**CARACTERÍSTICAS:**

- Calibrado diretamente em ° Celsius (centígrados)
- Linear + 10,0 mV/°C fator de escala
- Garantia de precisão de 0,5°C (a +25°C)
- Classificado para uma gama completa de -55° a +150°C
- Adequado para aplicações remotas
- Baixo custo devido ao corte ao nível da bolacha
- Funciona de 4 a 30 volts
- Dreno de corrente inferior a 60 uA
- Baixo auto-aquecimento, 0,08°C em ar parado
- Não linearidade apenas ±1/4°C típica

- Saída de baixa impedância, 0,1 W para uma carga de 1 mA

**DIAGRAMA DE PINOS:**

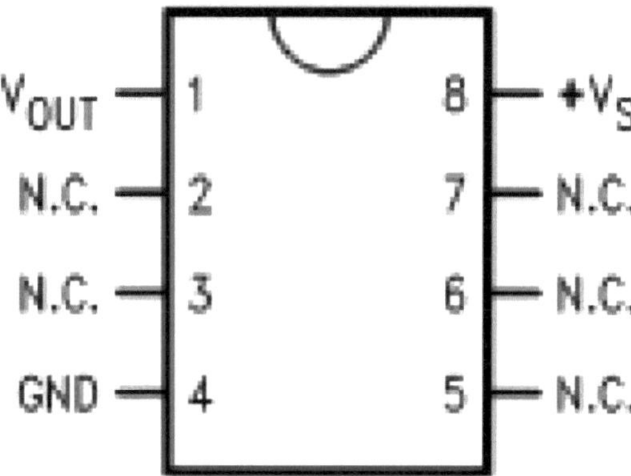


**Figura 4.5. Diagrama de pinos do LM35**

**APLICAÇÕES:**

O LM35 pode ser aplicado facilmente da mesma forma que outros sensores de temperatura de circuito integrado. Pode ser colado ou cimentado a uma superfície e a sua temperatura estará dentro de cerca de 0,01§C da temperatura da superfície.

Isto pressupõe que a temperatura do ar ambiente é quase igual à temperatura da superfície; se a temperatura do ar fosse muito superior ou inferior à temperatura da superfície, a temperatura real do LM35 estaria a uma temperatura intermédia entre a temperatura da superfície e a temperatura do ar. Isto é especialmente verdadeiro para a embalagem plástica TO-92, onde os condutores de cobre são o principal caminho térmico para transportar o calor para o dispositivo, pelo que a sua temperatura pode estar mais próxima da temperatura do ar do que da temperatura da superfície.

Para minimizar este problema, certifique-se de que a cablagem para o LM35, à medida que sai do dispositivo, é mantida à mesma temperatura que a superfície de interesse. A maneira mais fácil de fazer isso é cobrir esses fios com uma camada de epóxi, o que garantirá que os cabos e fios estejam todos à mesma temperatura que a superfície e que a temperatura do LM35 não seja afetada pela temperatura do ar.

### 2.2.2 Circuito de filtro ECG:

Normalmente, são utilizados mais de 2 eléctrodos, que podem ser combinados num certo número de pares (por exemplo: Os eléctrodos do braço esquerdo (LA), do braço direito (RA) e da perna esquerda (LL) formam os pares: LA+RA, LA+LL, RA+LL). A saída de cada par é conhecida como uma **derivação**. Diz-se que cada derivação olha para o coração de um ângulo diferente. Os diferentes tipos de ECG podem ser designados pelo número de derivações registadas, por exemplo, ECG de 3 derivações, 5 derivações ou 12 derivações (por vezes simplesmente "um ECG de 12 derivações"). Um ECG de 12 derivações é um ECG em que são registados 12 sinais eléctricos diferentes aproximadamente ao mesmo tempo e é frequentemente utilizado como um registo único de um ECG, normalmente impresso em papel. Os ECG de 3 e 5 derivações tendem a ser monitorizados continuamente e visualizados apenas no ecrã de um dispositivo de monitorização adequado, por exemplo, durante uma operação ou durante o transporte numa ambulância. Pode haver, ou não, qualquer registo permanente de um ECG de 3 ou 5 derivações, dependendo do equipamento utilizado.

É a melhor forma de medir e diagnosticar ritmos anormais do coração, em particular ritmos anormais causados por lesões do tecido condutor que transporta sinais eléctricos ou ritmos anormais causados por desequilíbrios electrolíticos. Num enfarte do miocárdio (MI), o ECG pode identificar se o músculo cardíaco foi danificado em áreas específicas, embora nem todas as áreas do coração estejam cobertas. O ECG não pode medir de forma fiável a capacidade de bombeamento do coração, para o que são utilizados exames de ultra-sons (ecocardiografia) ou de medicina nuclear. É possível estar em paragem cardíaca com um sinal de ECG normal (uma condição conhecida como atividade eléctrica sem pulso).

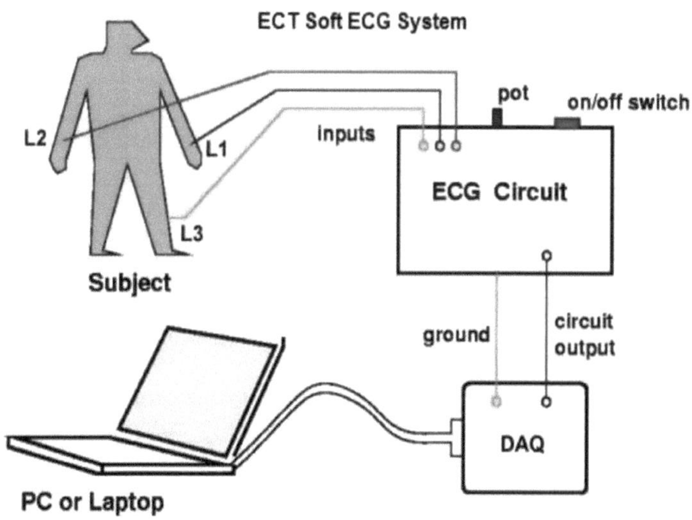


**Figura 4.6 Aquisição e processamento de dados ECG**

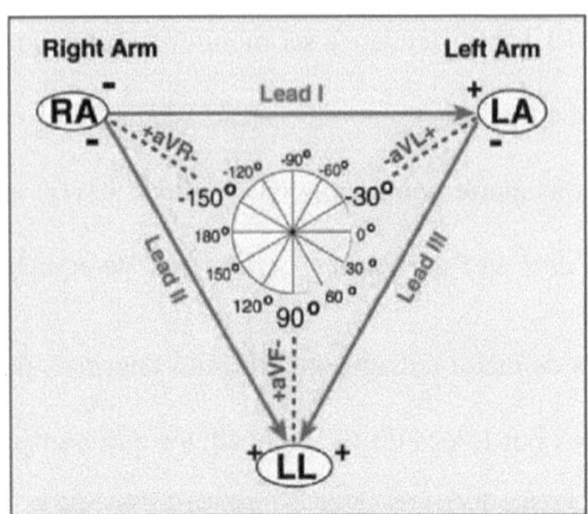


**Figura 4.7 Configuração de três cabos**

A saída de um registador de ECG é um gráfico (ou por vezes vários gráficos, representando cada uma das derivações) com o tempo representado no eixo x e a tensão representada no eixo y. Uma máquina de ECG dedicada imprime normalmente em papel gráfico com um padrão de fundo de quadrados de 1 mm (frequentemente em vermelho ou verde), com divisões a negrito a cada 5 mm nas direcções vertical e horizontal. É possível alterar a saída da maioria dos dispositivos de ECG, mas é normal representar cada mV no eixo y como 1 cm e cada segundo como 25 mm no eixo x (ou seja, uma velocidade de papel de 25mm/s). Podem ser utilizadas velocidades de papel mais rápidas - por exemplo, para resolver detalhes mais finos no ECG. A uma velocidade de papel de 25 mm/s, um pequeno bloco de papel de ECG traduz-se em

| Feature | Description | Duration |
|---|---|---|

40 ms, cinco blocos pequenos formam um bloco grande, o que se traduz em 200 ms. Assim, há cinco blocos grandes por segundo. Um sinal de calibração pode ser incluído num registo. Um sinal padrão de 1 mV deve deslocar a caneta verticalmente 1 cm, ou seja, dois quadrados grandes no papel ECG.

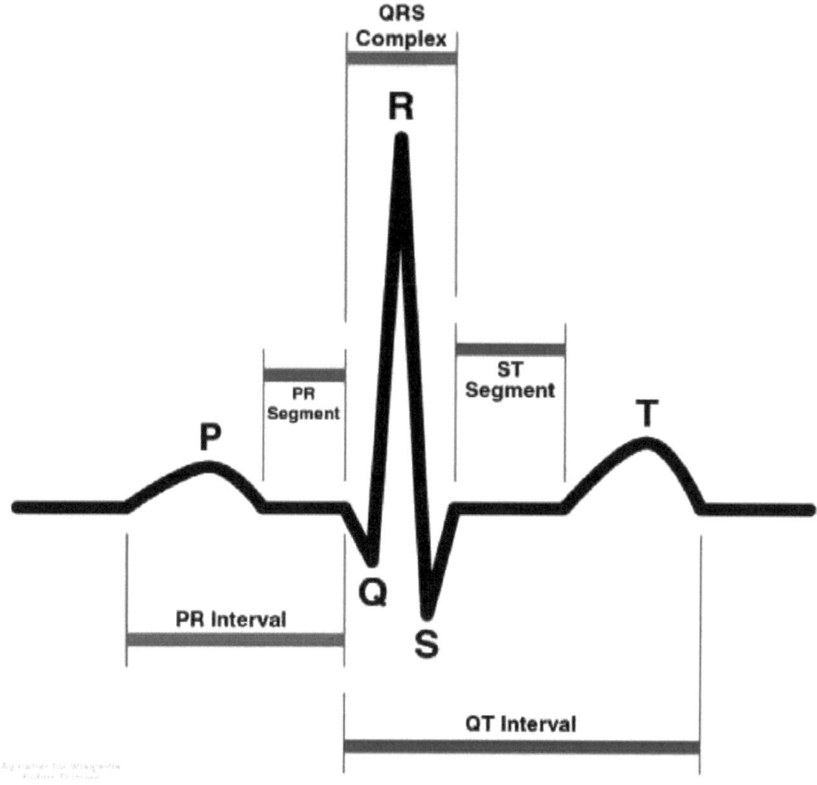


Figura 4.8 Representação esquemática de um ECG normal

**Tabela 4.1: VALORES DE ECG:**

| | | |
|---|---|---|
| RR interval | The interval between an R wave and the next R wave. Normal resting heart rate is between 60 and 100 bpm | 0.6 to 1.2s |
| P wave | During normal atrial depolarization, the main electrical vector is directed from the SA node towards the AV node, and spreads from the right atrium to the left atrium. This turns into the P wave on the ECG. | 80ms |
| PR interval | The PR interval is measured from the beginning of the P wave to the beginning of the QRS complex. The PR interval reflects the time the electrical impulse takes to travel from the sinus node through the AV node and entering the ventricles. The PR interval is therefore a good estimate of AV node function. | 120 to 200ms |
| QRS complex | The QRS complex reflects the rapid depolarization of the right and left ventricles. They have a large muscle mass compared to the atria and so the QRS complex usually has a much larger amplitude than the P-wave. | 80 to 120ms |
| ST segment | The ST segment connects the QRS complex and the T wave. The ST segment represents the period when the ventricles are depolarized. It is isoelectric. | 80 to 120ms |
| T wave | The T wave represents the repolarization (or recovery) of the ventricles. The interval from the beginning of the QRS complex to the apex of the T wave is referred to as the *absolute refractory period*. The last half of the T wave is referred to as the *relative refractory period* (or vulnerable period). | 160ms |
| ST interval | The ST interval is measured from the J point to the end of the T wave. | 320ms |
| QT interval | The QT interval is measured from the beginning of the QRS complex to the end of the T wave. A prolonged QT interval is a risk factor for ventricular tachyarrhythmia's and sudden death. It varies with heart rate and for clinical relevance requires a correction for this, giving the QTc. | 300 to 430 ms |

**Ondas e intervalos:**

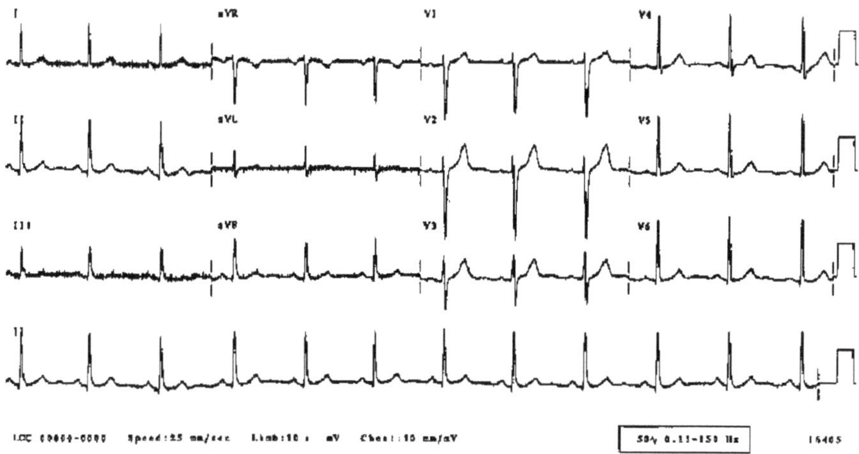


**Figura 4.9 Um ECG normal de 12 derivações num adulto**

## 4.3.4 MICROCONTROLADOR 89C51RD2:

## DESCRIÇÃO:

O AT89C51 é um microcomputador CMOS de 8 bits, de baixo consumo e elevado desempenho, com 8Kbytes de memória Flash programável e apagável apenas para leitura (PEROM). O Flash no chip permite que a memória de programa seja reprogramada no sistema ou por um programador de memória não volátil convencional. Ao combinar uma CPU versátil de 8 bits com Flash num chip monolítico, o AT89C51 da Philips é um microcomputador potente, que proporciona uma solução altamente flexível e económica para muitas aplicações de controlo incorporadas.

Em meados da década de 1980, a maior parte dos componentes do sistema, anteriormente externos, tinham sido integrados no mesmo chip que o processador, dando origem a circuitos integrados designados microcontroladores, e a utilização generalizada de sistemas incorporados tornou-se viável.

- Especificação do produto.

- Partição do projeto nos seus componentes de software e hardware.
- Iteração e refinamento do particionamento.
- Tarefas independentes de conceção de hardware e software
- Integração de componentes de hardware e software.
- Teste e lançamento de produtos.

## Configurações de pinos

### 40-lead PDIP

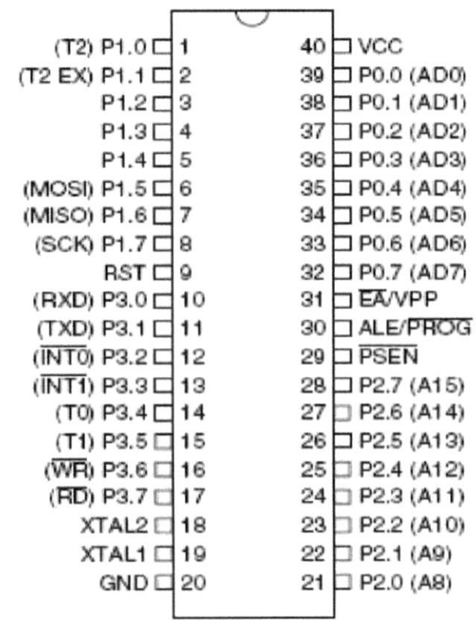


**FIGURA 5.10: Diagrama de pinos do AT89C51**

**PIN DESCRIPTION:**

**VCC** - Supply voltage.

**GND - Ground.**

**Port 0:**

**Figura 4.10 Diagrama de pinos**

A porta 0 é uma porta E/S bidirecional de dreno aberto de 8 bits. Como uma porta de saída, cada pino pode receber oito entradas TTL. Quando são escritos 1s nos pinos da porta 0, os pinos podem ser utilizados como entradas de alta impedância. Entradas de impedância alta. A porta 0 também pode ser configurada para ser o barramento multiplexado de endereço/dados de ordem baixa durante os acessos à memória externa de programa e dados. Neste modo, P0 tem pull-ups internos . A porta 0 também recebe os bytes de código durante a programação Flash e emite os bytes de código durante a verificação do programa. São necessários pull-ups externos durante a verificação do programa.

**Porta 1:**

A Porta 1 é uma porta E/S bidirecional de 8 bits com pull-ups internos. Os buffers de saída da Porta 1 podem ser fonte/sumidouro de quatro entradas TTL. Quando 1s são escritos nos pinos da Porta 1, eles são puxados para cima pelos pull-ups internos e podem ser usados como entradas. Como entradas, o Porto

1 Os pinos que estão a ser puxados externamente para baixo irão gerar corrente (IIL) devido aos pull-ups internos. Além disso, P1.0 e P1.1 podem ser configurados para serem o temporizador/contador

2 entrada de contagem externa (P1.0/T2) e a entrada de disparo do temporizador/contador 2 (P1.1/T2EX), respetivamente.

**FUNÇÕES ALTERNATIVAS DO PINO DA PORTA:**

**P1.0 T2** (entrada de contagem externa para o temporizador/contador 2), clock-out

**P1.1 T2EX** (Controlo do disparo e da direção de captura/carregamento do temporizador/contador 2)

**Porta 2:**

A Porta 2 é uma porta E/S bidirecional de 8 bits com pull-ups internos. Os buffers de saída da Porta 2 podem ser fonte/canalizador de quatro entradas TTL. Quando 1s são escritos nos pinos da Porta 2, eles são puxados para cima pelos pull-ups internos e podem ser usados como entradas. Como entradas, os pinos do Porto 2 que estão a ser externamente para baixo irão gerar corrente (I IL) devido aos pull-ups internos. A Porta 2 emite o byte de endereço de ordem alta durante as aquisições da memória de programa externa e durante os acessos à memória de dados externa que usa endereços de 16 bits (MOVX @ DPTR). Nesta aplicação, a Porta 2 utiliza fortes pull-ups internos quando emite 1s. Durante os acessos à memória de dados externa que utiliza endereços de 8 bits (MOVX @ RI), a Porta 2 emite o conteúdo do Registo de Funções Especiais P2. A Porta 2 também recebe os bits de endereço de ordem superior e alguns sinais de controlo durante a programação e verificação Flash.

**Porta 3:**

A porta 3 é uma porta E/S bidirecional de 8 bits com pull-ups internos. Os buffers de saída da Porta 3 podem ser fonte/sumidouro de quatro entradas TTL. Quando 1s são escritos nos pinos da Porta 3, eles são puxados para cima pelos pull-ups internos e podem ser usados como entradas. Como entradas, os pinos da Porta 3 que estão a ser puxados para baixo externamente irão fornecer corrente (I IL) devido aos pull-ups. A Porta 3 também serve para as funções de vários recursos especiais do AT89C51. A Porta 3 também recebe alguns sinais de controlo para programação e verificação Flash.

**FUNÇÕES ALTERNATIVAS DO PINO DA PORTA:**

P3.0 RXD (porta de entrada série)

P3.1 TXD (porta de saída série)

P3.2 INT0 (interrupção externa 0)

P3.3 INT1 (interrupção externa 1)

P3.4 T0 (entrada externa do temporizador 0)

P3.5 T1 (entrada externa do temporizador 1)

P3.6 WR (estroboscópio de escrita da memória de dados externa)

P3.7 RD (estroboscópio de leitura da memória de dados externa).

**RST:**

Entrada de reinicialização. Um valor alto neste pino durante dois ciclos de máquina enquanto o oscilador está a funcionar reinicia o dispositivo.

**ALE/PROG:**

Address Latch Enable é um impulso de saída para bloquear o byte baixo do endereço durante os acessos à memória externa. Este pino é também a entrada de impulso de programa (PROG) durante a programação flash. Em funcionamento normal, o ALE é emitido a uma taxa constante de 1/6 da frequência do oscilador e pode ser utilizado para efeitos de temporização externa ou de relógio. No entanto, esse pulso ALE é pulado durante cada acesso à memória de dados externa. Se desejado, a operação ALE pode ser desactivada definindo o bit 0 da localização 8EH do SFR. Com o bit definido, o ALE só está ativo durante uma instrução MOVX ou MOVC. Caso contrário, o pino é fracamente puxado para cima. A definição do bit de desativação ALE não tem efeito se o microcontrolador estiver no modo de execução externa.

**PSEN:**

Program Store Enable é o sinalizador de leitura para a memória de programa externa. Quando o AT89C51 está a executar código a partir da memória de programa externa, a PSEN é activada duas vezes em cada ciclo de máquina, exceto que duas activações da PSEN são ignoradas durante cada acesso à memória de dados externa.

**EA/VPP:**

A Ativação de Acesso Externo (EA) deve ser ligada a GND para permitir que o dispositivo vá buscar código a localizações externas de memória de programa a partir de 0000H até FFFFH. No entanto, se o bit de bloqueio 1 for programado, EA será bloqueado internamente na reinicialização. EA deve ser ligado a VCC para execuções de programas internos. Este pino também recebe a tensão de habilitação de programação de 12 V (VPP) durante a programação Flash quando a programação de 12 V é selecionada.

**XTAL1:**

Entrada para o amplificador do oscilador inversor e entrada para o circuito de funcionamento do relógio interno.

**XTAL2:**

É uma saída do amplificador do oscilador inversor.

## DIAGRAMA DE BLOCOS DO 89C51:

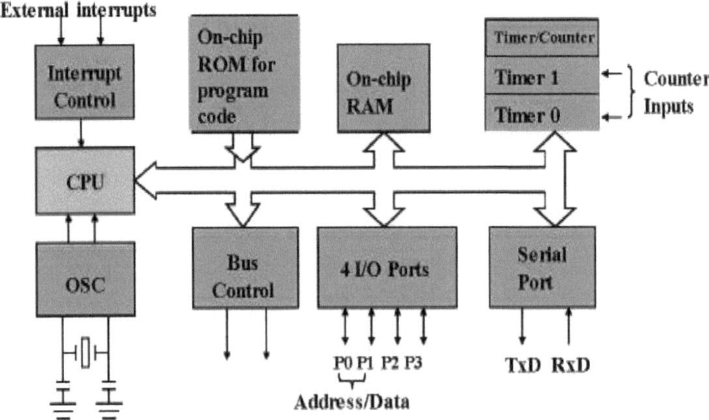


**FIGURA 4.11 Diagrama de blocos do AT89C51**

## ARQUITECTURA DO 89C51

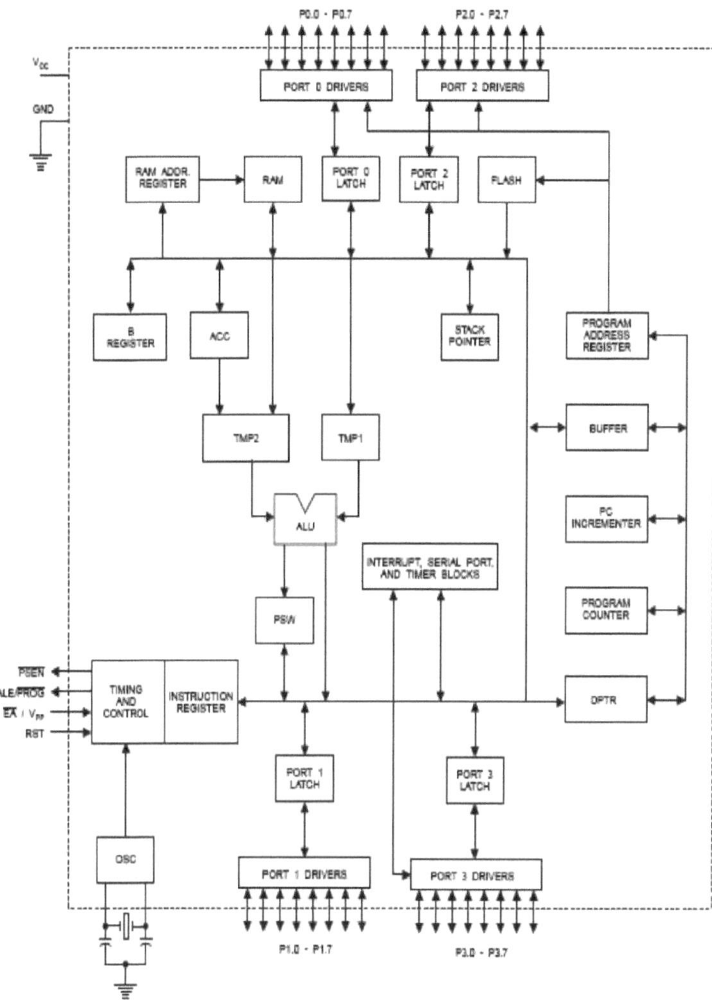


**Figura 4.12 Arquitetura do AT89C51**

## CARACTERÍSTICAS DO OSCILADOR:

XTAL1 e XTAL2 são a entrada e a saída, respetivamente, de um amplificador inversor, que pode ser configurado para ser utilizado como um oscilador no chip. Pode ser utilizado um cristal de quartzo ou um ressonador de cerâmica. Para acionar o dispositivo a partir de uma fonte de relógio externa, XTAL2 deve ser deixado sem ligação enquanto

XTAL1 é acionado. Não há requisitos sobre o ciclo de trabalho do sinal de relógio externo , uma vez que a entrada para o circuito de relógio interno é feita através de um flip-flop de divisão por dois, mas as especificações de tempo mínimo e máximo de tensão alta e baixa devem ser observadas.

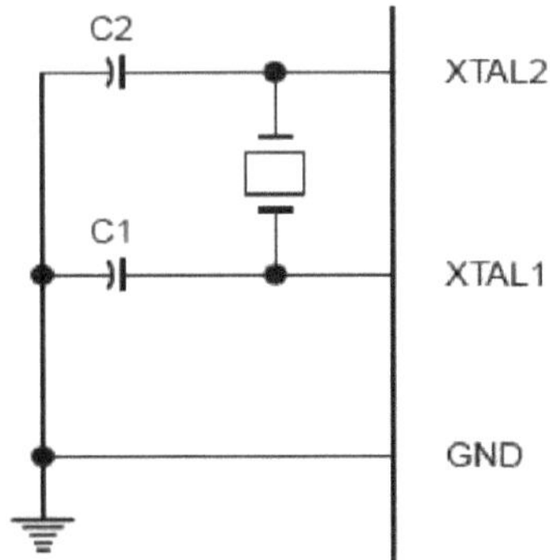


**Figura 4.13 Ligações do oscilador**

**Nota:** C1, C2 = 30 pF ± 10 pF para cristais = 40 pF ± 10 pF para ressoadores de cerâmica

| Port Pin | Alternate Functions |
|---|---|
| P3.0 | RXD (serial input port) |
| P3.1 | TXD (serial output port) |
| P3.2 | $\overline{\text{INT0}}$ (external interrupt 0) |
| P3.3 | $\overline{\text{INT1}}$ (external interrupt 1) |
| P3.4 | T0 (timer 0 external input) |
| P3.5 | T1 (timer 1 external input) |
| P3.6 | $\overline{\text{WR}}$ (external data memory write strobe) |
| P3.7 | $\overline{\text{RD}}$ (external data memory read strobe) |

**Tabela 4.2 Função alternativa do pino da porta 3**

### 4.3.5 CONVERSOR ANALÓGICO-DIGITAL (ADC):

**Descrição geral:**

O componente de aquisição de dados ADC0808, ADC0809 é um dispositivo CMOS monolítico com um conversor analógico-digital de 8 bits, multiplexador de 8 canais e lógica de controlo compatível com microprocessador. O conversor A/D de 8 bits utiliza a aproximação sucessiva como técnica de conversão. O conversor possui um comparador estabilizado por chopper de alta impedância, um divisor de tensão 256R com árvore de comutação analógica e um registo de aproximação sucessiva. O multiplexador de 8 canais pode aceder diretamente a qualquer um dos 8 sinais analógicos de terminação única.

**Caraterísticas:**

- Interface fácil para todos os microprocessadores
- Funciona com rácio métrico ou com 5 VDC ou amplitude analógica
- referência de tensão ajustada
- Não é necessário ajuste de zero ou de escala completa
- Multiplexador de 8 canais com lógica de endereço
- Gama de entrada de 0 V a 5 V com fonte de alimentação única de 5 V
- As saídas cumprem as especificações de nível de tensão TTL
- ADC0808 equivalente a MM74C949
- ADC0809 equivalente a MM74C949-1

**Especificações principais:**

- n Resolução 8 Bits
- n Erro total não ajustado ±1/2 LSB e ±1 LSB
- n Alimentação única 5 VDC
- n Baixa potência 15 mW
- n Tempo de conversão 100 ps

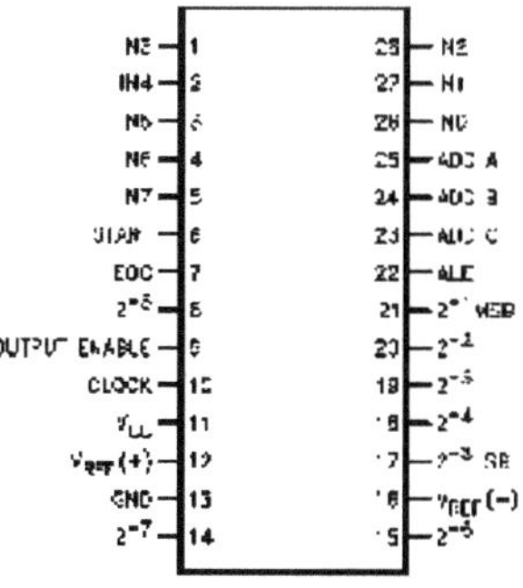


**Figura 4.14 DIAGRAMA DE PINOS DO ADC 0808**

### 4.3.6 UART:

A comunicação sem usar uma UART economiza hardware, mas pode exigir muito tempo do processador. Evitar o hardware de interface série só faz sentido para aplicações de baixo custo que não exijam muito do processador; caso contrário, o processador ficará ocupado com

Actividades bastante rápidas e de tempo crítico. Utilize esta abordagem apenas quando tiver de minimizar o custo do hardware e continuar a ter uma interface série. Se estiver a comunicar apenas entre dispositivos próximos, considere a possibilidade de gerar um protocolo de série com relógio separado, como SPI ou I2C. Ambos os protocolos são compatíveis com portas padrão de 5 V. Uma vez que os pinos da porta do microcontrolador apenas emitem níveis lógicos, para o RS-232 é necessário um chip de controlo, embora seja possível utilizar o protocolo com níveis TTL entre dois dispositivos compatíveis.

### 4.3.7 CONCEPÇÃO DE SOFTWARE (JAVA/HTML):

A linguagem de programação Java foi originalmente desenvolvida pela Sun Microsystems, por iniciativa de James Gosling, e lançada em 1995 como componente central da plataforma Java da Sun Microsystems (Java 1.0 [J2SE]).

A partir de dezembro de 2008, a última versão da Java Standard Edition é a 6 (J2SE). Com o avanço do Java e a sua popularidade generalizada, foram criadas várias configurações para se adaptarem a vários tipos de plataformas. Por exemplo: J2EE para aplicações empresariais, J2ME para aplicações móveis.

A Sun Microsystems mudou o nome das novas versões J2 para Java SE, Java EE e Java ME, respetivamente. Java tem a garantia de ser **Write Once, Run Anywhere.**

Java é:

- **Orientado para objectos:** Em Java, tudo é um objeto. Java pode ser facilmente alargado, uma vez que se baseia no modelo de Objectos.
- **Independente da plataforma:** Ao contrário de muitas outras linguagens de programação, incluindo C e C++, quando Java é compilada, não é compilada numa máquina específica da plataforma, mas sim num código de bytes independente da plataforma. Este código de bytes é distribuído na Web e interpretado pela máquina virtual (JVM) em qualquer plataforma em que esteja a ser executado.
- **Simples:** Java foi concebido para ser fácil de aprender. Se compreender o conceito básico de OOP, Java será fácil de dominar.
- **Seguro:** A funcionalidade de segurança de Java permite desenvolver sistemas livres de vírus e de adulteração. As técnicas de autenticação são baseadas na encriptação de chave pública.
- **Neutro em termos de arquitetura:** O compilador Java gera um formato de ficheiro objeto neutro em termos de arquitetura que torna o código compilado executável em muitos processadores, com a presença do sistema de tempo de execução Java.
- **Portável:** O facto de ser neutro em termos de arquitetura e de não ter aspectos da especificação dependentes da implementação torna Java portátil. O compilador em Java é escrito em ANSI C com um limite de portabilidade limpo que é um subconjunto POSIX.
- **Robusto:** Java esforça-se por eliminar situações propensas a erros, privilegiando principalmente a verificação de erros em tempo de compilação e em tempo de execução.
- **Multithreaded:** Com o recurso multithreaded do Java, é possível escrever programas que podem realizar muitas tarefas simultaneamente. Esta caraterística de design permite aos programadores construir aplicações interactivas que funcionam sem problemas.
- **Interpretado:** O código de bytes Java é traduzido em tempo real para instruções nativas da máquina e não é armazenado em lado nenhum. O processo de desenvolvimento é mais rápido e analítico, uma vez que a ligação é um processo incremental e leve.

- **Alto desempenho:** Com a utilização de compiladores Just-In-Time, Java permite um elevado desempenho.
- **Distribuído:** Java foi concebido para o ambiente distribuído da Internet.
- **Dinâmico:** Java é considerado mais dinâmico do que C ou C++, uma vez que foi concebido para se adaptar a um ambiente em evolução. Os programas Java podem conter uma grande quantidade de informações em tempo de execução que podem ser utilizadas para verificar e resolver os acessos a objectos em tempo de execução.

**História de Java:**

James Gosling iniciou o projeto da linguagem Java em junho de 1991 para utilização num dos seus muitos projectos de descodificadores. A linguagem, inicialmente chamada Oak (carvalho) em homenagem a um carvalho que se encontrava à porta do escritório de Gosling, também teve o nome de Green (verde) e acabou por ser renomeada como Java, a partir de uma lista de palavras aleatórias.

A Sun lançou a primeira implementação pública como Java 1.0 em 1995. Prometia **Write Once, Run Anywhere** (WORA), fornecendo tempos de execução sem custos em plataformas populares.

Em 13 de novembro de 2006, a Sun lançou grande parte de Java como software livre e de código aberto ao abrigo dos termos da GNU General Public License (GPL).

Em 8 de maio de 2007, a Sun concluiu o processo, tornando todo o código principal de Java livre e de código aberto, à exceção de uma pequena porção de código sobre o qual a Sun não detinha os direitos de autor.

**Ferramentas necessárias:**

Para executar os exemplos discutidos neste tutorial, é necessário um computador Pentium

200MHz com um mínimo de 64 MB de RAM (recomenda-se 128 MB de RAM).

Necessitará também dos seguintes programas informáticos:

- Sistema operativo Linux 7.1 ou Windows 95/98/2000/XP.
- Java JDK 5+.
- Microsoft Notepad ou qualquer outro editor de texto.

**HTML:**

HTML significa Hypertext Markup Language (Linguagem de Marcação de Hipertexto) e é a linguagem mais utilizada para escrever páginas Web.

- **O hipertexto** refere-se à forma como as páginas Web (documentos HTML) são ligados entre si. Assim, as ligações disponíveis numa página Web são designadas por hipertexto.
- Como o nome sugere, o HTML é uma **linguagem de marcação**, o que significa que utiliza HTML para simplesmente "marcar" um documento de texto com etiquetas que indicam ao navegador Web como estruturá-lo para apresentação.

Originalmente, o HTML foi desenvolvido com a intenção de definir a estrutura dos documentos, como títulos, parágrafos, listas, etc., para facilitar a partilha de informações científicas entre investigadores.

Atualmente, o HTML está a ser amplamente utilizado para formatar páginas Web com a ajuda de diferentes etiquetas disponíveis na linguagem HTML.

**4.3.8: KEIL U VISION3:**

Este é um IDE (Ambiente de Desenvolvimento Integrado) que o ajuda a escrever, compilar e depurar programas incorporados. Ele encapsula os seguintes componentes:

*S* Um gestor de projectos

*S* Uma instalação de fabrico

*S* Configuração da ferramenta

S Editor

*S* Um poderoso depurador

## CRIAR UMA APLICAÇÃO NO UVISION3:

Para construir (compilar, montar e ligar) uma aplicação no uVision2, é necessário:

> Selecionar Projeto-Abrir Projeto

(Por exemplo, \C166\EXAMPLES\HELLO\HELLO.**UV3**)

> Select Project - Rebuild all target files ou Build target. O UVision2 compila, monta e liga os ficheiros do seu projeto.

## CRIAR A SUA PRÓPRIA APLICAÇÃO NO UVISION3:

Para criar um novo projeto no uVision2, é necessário:

> Selecione Projeto - Novo projeto.

> Selecione um diretório e introduza o nome do ficheiro de projeto.

> Selecione Project - Select Device e selecione um dispositivo 8051, 251 ou C16x/ST10 a partir da lista Device

> Base de dados

> Criar ficheiros de origem para adicionar ao projeto.

> Selecione Project - Targets, Groups, and Files. Add/Files, selecione Source Group1, e adicione o ficheiro de origem ao projeto.

> Selecione Project - Options e defina as opções da ferramenta. Nota: quando seleciona o dispositivo alvo a partir da base de dados de dispositivos, todas as opções especiais são definidas automaticamente. Só precisa de configurar o mapa de memória do seu hardware de destino. As definições predefinidas do modelo de memória são óptimas para a maioria.

> Selecione Projeto - Reconstruir todos os ficheiros de destino ou Construir destino.

## DEPURAÇÃO DE UMA APLICAÇÃO NO U VISION3:

Para depurar uma aplicação criada com o uVision3, é necessário:

- Selecione Depurar - Iniciar/Parar sessão de depuração.
- Utilize os botões da barra de ferramentas Step para percorrer o seu programa num único passo. Pode introduzir G, main na Janela de Saída para executar a função C principal.
- Abra a Janela Série utilizando o botão Série #1 na barra de ferramentas.
- Depurar o seu programa utilizando opções padrão como Step, Go, Break, etc.

## LIMITAÇÕES DO SOFTWARE DE AVALIAÇÃO:

Existem várias limitações muito importantes na versão de avaliação do Developer's Kit da Keil que os utilizadores devem ter em conta quando escrevem software para o 8051.

## O CÓDIGO DO OBJECTO DEVE SER INFERIOR A 2 KBYTES:

O compilador compilará qualquer tamanho de ficheiro de código fonte, mas o código objeto final não pode exceder 2 Kbytes. Se isso acontecer, o ligador recusar-se-á a criar um executável binário final (ou ficheiro HEX ) a partir dele. Na mesma linha, o depurador recusará quaisquer ficheiros que tenham mais de 2 Kbytes, mesmo que tenham sido compilados utilizando um pacote de software diferente.

Poucos projectos de estudantes ultrapassarão este limiar de 2Kbytes, mas os programadores devem estar cientes dele para compreenderem porque é que o código pode deixar de compilar quando o projeto cresce demasiado.

## O CÓDIGO DO PROGRAMA COMEÇA NO ENDEREÇO 0X4000:

Todo o código C compilado e ligado utilizando as ferramentas Keil começará no endereço 0x4000 na memória de código. Este código não pode ser programado em dispositivos com menos de 16Kbytes de memória só de leitura. O código escrito em assembly pode contornar esta limitação utilizando a palavra-chave "origin" para definir o início para o endereço 0x0000. No entanto, não existe tal solução para programas em C. No entanto, o depurador integrado no software de avaliação pode ainda ser utilizado para testar o código. Uma vez testado, o código pode ser compilado pela versão completa do software Keil, ou por outro compilador que suporte as extensões C utilizadas pelo Keil.

As seguintes limitações aplicam-se às versões de avaliação das cadeias de ferramentas C51, C251 ou C166. Limitações do software de avaliação C51:

- O compilador, o assembler, o linker e o debugger estão limitados a 2 Kbytes de código objeto, mas o código fonte pode ser de qualquer tamanho. Os programas que geram mais de 2 Kbytes de código objeto não compilam, montam ou ligam o código de arranque gerado inclui LJMP's e não podem ser utilizados em dispositivos de chip único que suportem menos de 2 Kbytes de espaço de programa, como o Philips 750/751/752.
- O depurador suporta ficheiros com 2 Kbytes ou menos.
- Os programas começam no offset 0x0800 e não podem ser programados em dispositivos de chip único.
- Não existe suporte de hardware para múltiplos registos DPTR.
- Não há suporte disponível para bibliotecas de utilizador ou aritmética de vírgula flutuante.

**SIMULAÇÃO PERIFÉRICA:**

O depurador u vision3 fornece uma simulação completa para a CPU e os periféricos no chip da maioria dos dispositivos incorporados. Para descobrir quais periféricos de um dispositivo são suportados, no u vision3. Selecione o item Periféricos Simulados no menu Ajuda. Pode também utilizar a base de dados de dispositivos baseada na Web. Estamos constantemente adicionando novos dispositivos e suporte de simulação para periféricos no chip, portanto, certifique-se de verificar o banco de dados de dispositivos com freqüência.

### 4.3.9: CÓDIGOS UTILIZADOS NESTE PROJECTO

**Código para o microcontrolador:**

```
#include<REG51.h>
#include<LCD.h>
#include<UART.h>
#include<ADC.h>
#include<GSM.h>
#include<string.h>
#define EOM 0X1A
extern char S_VAL[4];
sbit KEY1= P3^2;
```

```
sbit KEY2= P3^3;
sbit REL1= P3^4;
void main()
	{
	unsigned int i,j,DATA1,DATA2;
	unsigned char TX_DATA[10],TMP[4],HBT[4];
	REL1=0;
	REL1=0;
	LCD_INIT();
	UART_INIT();
	DIS_LCD("PATIENT MONTORNG");
	REL1=1;
	DELAY(250);
	INIT_GSM_SMS();
	REL1=0;
	LCD_CMD(0xC0);
	DIS_LCD(" SYSTEM");
	DELAY(500);DELAY(500);
	while(1)
		{
		LCD_CMD(0x01);
		DATA1=ADC(0);
		DATA1=DATA1*1.8;
		CONVERT_DAT(DATA1);
		for(i=0;i<3;i++)
			{
			TX_DATA[i]= S_VAL[i];
			}
		TX_DATA[i]='*';
		strcpy(TMP,S_VAL);
		DIS_LCD("BODY TMP : ");
		LCD_CMD(0x8A);
```

```
DIS_LCD(S_VAL);
DATA2=ADC(1);
CONVERT_DAT(DATA2);
j=4;
for(i=0;i<3;i++)
	{
	TX_DATA[j]= S_VAL[i];
	j++;
	}
TX_DATA[j]='\0';
strcpy(HBT,S_VAL);
LCD_CMD(0xC0);
DIS_LCD("HEART BT :");
LCD_CMD(0xCA);
DIS_LCD(S_VAL);
if(DATA2>80)
	{
	LCD_CMD(0x80);
	DIS_LCD("CALL THE DOCTOR");
	if(KEY1==0)
		{
		REL1=1;
		DELAY(250);
		CALL();
		REL1=0;
		DELAY(250);
		}
	}
if(DATA2<70)
	{
	LCD_CMD(0x80);
	DIS_LCD("CALL THE DOCTOR");
	if(KEY1==0)
```

```
                {
                REL1=1;
                DELAY(250);
                CALL();
                REL1=0;
                DELAY(250);
                }
            }
        if(KEY2==0)
            {
            REL1=1;
            DELAY(250);
            TR1=1;
            SEND_SMS();
            SEND_STRING_UART("BODY TEMP: ");
            SEND_STRING_UART(TMP);
            SEND_STRING_UART("HEART BEAT: ");
            SEND_STRING_UART(HBT);
            SEND_CRLF(EOM);
            REL1=0;
            DELAY(250);
            }
        DELAY(500);
        SEND_STRING_UART(TX_DATA);
        }
    }
```

**Código para o ecrã LCD:**

```
#include<reg51.h>
#include<LCD.h>
unsigned char
CMD_ARRAY[]={0x20,0x28,0x28,0x0e,0x00,0x01,0x00,0x06,0x00,0x80},X;
```

```
void LCD_INIT()
	{
	for(X=0;X<9;X++)
		{
		LCD_CMD(CMD_ARRAY[X]);
		}
	}
void LCD_CMD(unsigned int CMD)
	{
	unsigned int CMD1,j=0;

	CMD1=((CMD&0xf0)>>2);
	P1=CMD1;
	RS=0;
	EN=1;
	EN=0;
	CMD1=((CMD&0x0f)<<2);
	P1=CMD1;
	RS=0;
	EN=1;

	EN=0;
	DELAY(1);
//	for(j=0;j<5;j++);
	}
void DIS_LCD(unsigned char *dat)
	{
	unsigned char i;
	for(i=0;*dat!='\0';i++)
		{
		unsigned int dta1;
		if(i==16)
		LCD_CMD(0xc0); //stepping to 2nd line if(i>=16)
```

```
		LCD_CMD(0x06); //to increment the cursor dta1=((*dat&0xf0)>>2);
		P1=dta1;
		RS=1;
		EN=1;
		DELAY(10);
		EN=0;
		dta1=((*dat&0x0f)<<2);
		P1=dta1;
		RS=1;
		EN=1;
		DELAY(10);
		EN=0;
		DELAY(10);
		dat++;
		}
	}
void DELAY(unsigned int n)
	{
	unsigned int i,j;
	for(i=0;i<=n;i++)
	for(j=0;j<=100;j++);
	}
```

**Código para ADC:**

```
#include<ADC.h>
#include<REG51.h>
#include<LCD.h>

sbit a=P2^0;		// channel select bits
sbit b=P2^1;
sbit c=P2^2;
sbit SC=P2^3;			// start of conversion
```

```
sbit EOC=P2^4;                  // end of conversion

//sbit OE=P3Л5;
sfr adcdata=0x80;
sbit CLOCK=P2^5;//for adc
unsigned char S_VAL[4];
unsigned int ADC(unsigned int AD)
        {

        unsigned int value;
        TH0|=0XD2; //timer settings(time period 100 micro sec)
        IE=0X82;  // intrpt enable
        TR0=1;

        EOC=1;
//      OE=0;
        SC=0;
        a=AD;
        b=0;
        c=0;
        DELAY(50);
        SC=1;
        DELAY(50);
        SC=0;
        while(EOC==1);
        while(EOC==0);
//      OE=1;
        DELAY(50);
        value=adcdata;
//      OE=0;
        return(value);
        }
void timer(void) interrupt 1
```

```
	{
	CLOCK = -CLOCK;
	}
void CONVERT_DAT(unsigned int hex)
	{
	unsigned int msb1=0,msb2=0,lsb0=0;
	S_VAL[0]='\0';S_VAL[1]='\0';S_VAL[2]='\0';
 while(hex>= 100)
		{
hex=hex-100;
		msb1++;
		}
	while(hex>=10)
		{
		hex=hex-10;
		msb2++;
		}

	lsb0=hex;

	msb1=msb 1+0x30;
	msb2=msb2+0x30;
	lsb0=lsb0+0x30;
	S_VAL[0]=msb1;
	S_VAL[1]=msb2;
	S_VAL[2]=lsb0;
	S_VAL[4]='\0';		}
```

# CAPÍTULO-5

## RESULTADOS E DISCUSSÃO

-O software denominado PMS (Patient Monitoring System) concebido com HTML5/JSP/CSS3/JQuery é utilizado como front-end e está alojado num servidor de aplicações JBoss.

-O back-end é totalmente concebido em JAVA, utilizando o padrão de conceção Singleton.

-As principais funcionalidades suportadas pelo PMS são

- o Adição de um novo doente com o nome do doente como chave primária.
- o Adição do historial médico do doente e das intervenções (se existirem). Este é um processo único.
- o Visão de cada paciente e dos seus parâmetros corporais normais.
- o Ver as observações do médico e descarregar a receita (se existir).
- o Monitor de criticalidade em tempo real.
- o Gestão da prioridade do médico no caso de um médico de família ser indisponível.

## LISTA DE REFERÊNCIAS


1. Introdução aos sensores
2. Valdemar Nawrocki e Tadeusz Nawalaniec, - Sensores e comunicações em sistemas de monitorização do ambiente
3. Conceção de sistemas incorporados - Raj Kamal
4. JAVA em primeiro lugar
5. Introdução ao microcontrolador 8051 - Gaonkar
6. www.stackoverflow.com - JAVA/Base de dados/ficheiros planos
7. www.w3.org - HTML5/GUI Design

Printed by Books on Demand GmbH, Norderstedt / Germany